ALPHABET ILLUSTRÉ des Jeux de l'Enfance.

METZ.
Lith. Dembour et Gangel.

LPHABET

complet

POUR LE JEUNE AGE,

ILLUSTRÉ

DES

JEUX DE L'ENFANCE.

MBTZ

TYPOGRAPHIE DE DEMBOUR ET GANGEL.

1850

Majuscules romaines.

A B C D E F
G H I J K L M
N O P Q R S
T U V X Y Z

Minuscules romaines.

a b c d e f g h
i j k l m n o p
q r s t u v x y z

Majuscules italiques.

A B C D E F G H
I J K L M N O P
Q R S T U V X Y Z
Æ OE W Ç

Minuscules italiques.

a b c d e f g h i j k
l m n o p q r s t u
v x y z æ œ w ç

Chiffres.

1, 2, 3, 4, 5, 6, 7, 8, 9, 0.

Majuscules d'anglaise.

A B C D E F G H I J
K L M N O P Q R S
T U V X Y Z W

Minuscules d'anglaise.

a b c d e f g h i j k l m n o p
q r s t u v x y z w

Majuscules de ronde.

A B C D E F G H I J K
L M N O P Q R S T U
V X Y Z W

Minuscules de ronde.

a b c d e f g h i j k l m n o p
q r s t u v x y z w

Leçon d'une syllabe.

ba	be	bi	bo	bu
ca	ce	ci	co	cu
da	de	di	do	du
fa	fe	fi	fo	fu
ga	ge	gi	go	gu
ha	he	hi	ho	hu
ja	je	ji	jo	ju
ka	ke	ki	ko	ku
la	le	li	lo	lu

ma me mi mo mu

na ne ni no nu

pa pe pi po pu

ra re ri ro ru

sa se si so su

ta te ti to tu

va ve vi vo vu

xa xe xi xo xu

za ze zi zo zu

La Bal-le.

Mots de deux syllabes.

Pa pa.	Rai sin.
Ma man.	Se rin.
En fant.	Voi sin.
Gâ teau.	Pom me.
Pou pée.	Bon net.
Dra gée.	Pou let.
Vo lant.	Cha peau.

Les Cer-ceaux.

Mots de trois syllabes.

Ca ba ret.	Cou ra ge.
Cap tu rer.	Ba riè re.
Dé chi rer.	Ré ga ler.
Lin ge rie.	Al lia ge.
Ex cuse.	Re ce veur.
Fri pe rie.	E mo tion.
A mi tié.	Lo te rie.

La Dan-se.

Mots de quatre syllabes.

La pi dai re.	Ré so lu tion.
Lai ti è re.	Cré an ci er.
O ri gi nal.	E cri tu re.
Se cou ra ble.	Ti mi di té.
Re ce va ble.	E pou van tail
E va si on.	E gra ti gner.
Suc ces si on.	Ex er ci ce.

Le Col-lin-Mail-lard.

Mots de cinq et six syllabes.

A na to mi que ment.
Au then ti que ment.
A van ta geu se ment.
Fan tas ma go rie.
Gé o mé tri que ment.
Va lé tu di nai re.
Dé sin té res se ment.

La Cor-de.

Des Voyelles et des Consonnes.

L'Alphabet se divise en Voyelles et en Consonnes.

Il y a six voyelles, qui sont :

a e i o u y qui a le son de l'*i*.

Il y a dix-neuf consonnes, qui sont :

b c d f g h j k l m n p q r s t v x z

L'Es-car-po-let-te.

Des Accents.

On met sur quelques lettres de petits signes pour en changer la prononciation.

Accent aigu.   Accent grave.   Accent circonflexe.

Il y a quatre sortes d'E.

L'E muet, qui est sans accent e, a un son obscur et qui se prononce la bouche presque fermée, comme dans les mots : Demande, Mesure.

Le Cerf-Vo-lant.

L'E fermé, qui a l'accent aigu é, se prononce la bouche tant soit peu ouverte, comme dans les mots : Vérité, Charité.

L'E ouvert, qui a l'accent grave è, se prononce en ouvrant la bouche, comme dans : Succès, Procès.

L'E fort ouvert, qui a l'accent circonflexe ê, se prononce en ouvrant la bouche, en appuyant et traînant le son, comme dans les mots : Fête, Tempête.

Le Pa-let.

L'accent circonflexe se place sur les voyelles

â ê î ô û

L'accent grave se place aussi sur ù et sur à.

Le signe placé sous le ç se nomme CÉDILLE. Il se prononce comme un s devant les voyelles a o u, comme ça, ço, çu.

Les deux points placés sur les lettres ë ï ü se nomment TRÉMA. Ils avertissent qu'il faut détacher cette lettre de la voyelle précédente ou suivante, comme Po-ë-te, Ha-ï-ti, Esa-ü.

Les pe-tits Oi-seaux.

De la Ponctuation.

, VIRGULE. La virgule indique qu'il faut un peu se reposer.

; POINT-VIRGULE. Le point-virgule se met entre deux phrases dont l'une dépend de l'autre.

: DEUX - POINTS. Les deux-points, lorsque la phrase est suspendue.

. POINT. Le point indique que la phrase est terminée.

Le Cer-cle.

? POINT D'INTERROGATION. Le point d'interrogation se met à la fin d'une phrase où l'on interroge, comme quand je demande : Voulez-vous des bonbons?

! POINT EXCLAMATIF. Le point exclamatif exprime la surprise, comme quand on dit : Comme cette poire est bonne! Quel malheur !

' APOSTROPHE. L'apostrophe sert à remplacer une voyelle, comme L'image. L'oiseau.

— TRAIT-D'UNION. Le trait-d'union est un petit trait que l'on fait au bout d'une ligne pour indiquer que le mot est coupé; il sert encore à joindre certains mots, qui sont sensés n'en faire qu'un, comme Le TOUT-PUISSANT.

Le Pos-til-lon.

Mots avec accents aigus.

Dé-lié. Va-rié. Ré-ga-lé. Bé-né-fi-ce.
Dé-jeu-né. Ré-u-ni-on. Sé-nat. Ci-té.
É-té. Dé-lé-gué. É-lé-phant. Sé-jour-né.

Mots avec accents graves.

Suc-cès. Mè-re. Pè-re. Fon-driè-re.
Ac-cès. Cè-ne. Chè-vre. Zè-le. Ar-tè-re.
Re-mè-de. Sys-tè-me. Car-riè-re.

La Pou-pée.

Mots avec accents circonflexes.

Jeû-ne. É-pî-tre. A-pô-tre. Geô-le.
Gî-te. Chô-mer. Pâ-que. Flû-te. Fê-te.
Au-mô-ne. In-té-rêt. Chê-ne. Tem-pête.

Mots avec tréma.

Pa-ï-en. Mo-ï-se. Sa-ül. Ha-ïr. Na-ïf.
Po-ë-te. Ci-guë. Bis-ca-ïen. Ca-ï-man.
Fa-ï-en-ce.

Les Pa-pil-lons.

Mots avec l'apostrophe.

**C'est. L'hi-ver. J'ai-me. L'as-pect.
L'hom-me. L'u-ni-on. D'où. L'his-toi-re.
L'a-mi-tié. D'a-van-ce. Quel-qu'un. S'est.**

Mots avec la cédille.

**Re-çu. Le-çon. Con-çu. In-a-per-çu.
Ma-çon. Fa-ça-de. Ca-le-çon. Ha-me-çon.
Ger-çu-re. De-çà. Gar-çon. Li-ma-çon.**

Le Vo-lant.

DEVOIRS DES PETITS ENFANTS.

Le devoir d'un enfant est d'obéir à ses parents, d'être attentif à leur plaire.

Priez Dieu le matin et le soir, afin qu'il conserve les jours de votre papa, de votre maman et de votre famille. Il faut aussi le prier afin que vous soyez un bon et gentil enfant.

Ne vous mettez jamais en colère, ne soyez pas gourmands ni menteurs, car ce sont des vices affreux.

Le Bil-bo-quet.

Etudiez les petites leçons qui vous sont données par vos maîtres.

A l'école, soyez attentif aux leçons qu'ils vous donnent. Ne soyez pas causeur ni turbulent en classe.

Ne rapportez jamais les fautes de vos petits amis, mais dites-leur de faire mieux.

Ne mentez jamais; le mensonge est en abomination à Dieu. Si vous avez fait une faute, dites de suite : C'est moi, et n'y retombez plus.

La Co-mé-die.

Dans la rue, ayez un maintien honnête et réservé; ne courez point comme des petits fous.

Jouez tranquillement avec vos frères et sœurs, ou camarades; soyez bon pour eux.

Ne vous mettez pas en colère, et surtout ne les battez jamais, car Dieu vous punirait.

Parlez doucement aux domestiques, ils sont déjà assez malheureux de servir.

Soyez charitable envers les malheureux; aimez-les, car ils sont vos frères.

LIVRET.

2	2	3	4	5	6	7	8	9	10	11	12	13	14	15	16
	4	6	8	10	12	14	16	18	20	22	24	26	28	30	32
3	2	3	4	5	6	7	8	9	10	11	12	13	14	15	16
	6	9	12	15	18	21	24	27	30	33	36	39	42	45	48
4	2	3	4	5	6	7	8	9	10	11	12	13	14	15	
	8	12	16	20	24	28	32	36	40	44	48	52	56	60	
5	2	3	4	5	6	7	8	9	10	11	12	13	14	15	
	10	15	20	25	30	35	40	45	50	55	60	65	70	75	
6	2	3	4	5	6	7	8	9	10	11	12	13	14	15	
	12	18	24	30	36	42	48	54	60	66	72	78	84	90	
7	2	3	4	5	6	7	8	9	10	11	12	13	14	15	
	14	21	28	35	42	49	56	63	70	77	84	91	98	105	
8	2	3	4	5	6	7	8	9	10	11	12	13	14		
	16	24	32	40	48	56	64	72	80	88	96	104	112		
9	2	3	4	5	6	7	8	9	10	11	12	13	14		
	18	27	36	45	54	63	72	81	90	99	108	117	126		
10	2	3	4	5	6	7	8	9	10	11	12	13	14		
	20	30	40	50	60	70	80	90	100	110	120	130	140		
11	2	3	4	5	6	7	8	9	10	11	12	13	14		
	22	33	44	55	66	77	88	99	110	121	132	143	154		
12	2	3	4	5	6	7	8	9	10	11	12	13			
	24	36	48	60	72	84	96	108	120	132	144	156			
13	2	3	4	5	6	7	8	9	10	11	12	13			
	26	39	52	65	78	91	104	117	130	143	156	169			
14	2	3	4	5	6	7	8	9	10	11	12	13			
	28	42	56	70	84	98	112	126	140	154	168	182			
15	2	3	4	5	6	7	8	9	10	11	12	13			
	30	45	60	75	90	105	120	135	150	165	180	195			
16	2	3	4	5	6	7	8	9	10	11	12	13			
	32	48	64	80	96	112	128	144	160	176	192	208			
17	2	3	4	5	6	7	8	9	10	11	12	13			
	34	51	68	85	102	119	136	153	170	187	204	221			
18	2	3	4	5	6	7	8	9	10	11	12	13			
	36	54	72	90	108	126	144	162	180	198	216	234			

Les Oiseaux.

www.ingramcontent.com/pod-product-compliance
Lightning Source LLC
Chambersburg PA
CBHW060919050426
42453CB00010B/1806